Inge Pflüger
Nov. 2008

ROSALIE TAVERNIER

Das Geheimnis meiner
Mutmach-Marmelade

ROSALIE TAVERNIER

Das Geheimnis meiner Mutmach-Marmelade

Die schönsten Rezepte
für Lebenskünstlerinnen

Es gibt zwei Arten, sein Leben zu leben.

Entweder so, als wäre nichts ein Wunder.

Oder so, als wäre alles eins.

ALBERT EINSTEIN

Das schöne Leben — wie geht das?

Vor nicht allzu langer Zeit hörte ich in einem kleinen Café zufällig eine Unterhaltung am Nachbartisch. Zwei ältere Damen saßen dort bei ihrem Kaffee und unterhielten sich angeregt über ein befreundetes Paar. Erst achtete ich nicht auf das Gespräch, denn ich hing meinen eigenen Gedanken nach. Doch dann fielen folgende Sätze, die mich aufhorchen ließen.

»Ja«, sagte die eine Dame und nickte in einer Mischung aus Anerkennung und Nachdenklichkeit mit dem Kopf, »die machen es sich immer schön. Gehen im Schloß essen und so. Die genießen das Leben und unternehmen die tollsten Dinge.«

»Ja … wie?!« rief daraufhin die andere Dame aus. »Sind das denn *Millionäre?!*«

»Nein«, entgegnete die erste sinnend. »Das sind *Lebenskünstler!*«

Sich selbst und anderen das Leben schön zu machen ist wahrhaft eine Kunst – in den seltensten Fällen übrigens eine Kunst, die mit Geld oder Reichtum zu tun hat. Wir alle streben nach einem guten oder besseren Leben und vergessen dabei manchmal, daß es fast immer die einfachen Dinge sind, die unser Leben bereichern und unvergeßlich machen.

Der erste Schluck Bier an einem heißen Sommertag. Der Duft von Orangen. Der unvergleichliche Geschmack einer *tarte au citron*. Weiße Wolken am Himmel. Kinderlachen. Zusammen ein vierblättriges Kleeblatt suchen (und finden). Frischen Rosmarin auf der Fensterbank ernten. So viel Zeit, wie es braucht, einen Regenbogen zu bestaunen, in ein Buch zu versinken und einem Menschen, den man liebt, in die Augen zu schauen.

Jeder von uns kennt solche Glücksmomente. Und jeder von uns kann

die Kunst des schönen Lebens lernen,
wenn er bereit ist, das Wunderbare in
seinem Leben zu erkennen.

Eifern wir also den Lebenskünstlern
nach – jenen beneidenswerten Menschen, deren Glas immer halb voll
ist, die das Schöne sehen und mit
glücklicher Hand und großer Leichtigkeit aus den sehr unterschied-
lichen Situation, die ihnen das
Leben bisweilen beschert, stets das
beste machen.

In meiner Familie gab es eigentlich nur Lebenskünstler, deswegen weiß ich, wovon ich rede: Da war mein Vater, der beim Anblick eines Berges schon in regelrechte Euphorie verfallen konnte und von dem ich gelernt habe, daß das Leben eine nicht ganz so lange Zeit ist. Viel zu kurz zum Streiten jedenfalls. Meine Mutter, die uns bis heute vorlebt, daß das Leben ein Feuerwerk an Überraschungen ist. Und ein Zuhause, der Ort, an den man immer wieder gerne zurückkehrt. Und natürlich die lebenskluge

Grandmère Joséphine, die bis ins hohe Alter nachmittags ihren Cognac trank und die ich nie unzufrieden erlebt habe, obwohl sie es oft nicht leicht hatte. »Das Leben ist ein Auf und Ab, das ist doch ganz normal«, pflegte sie ohne Bitterkeit zu sagen. Mit fünfundsechzig Jahren bestieg sie zum ersten Mal ein Flugzeug und war fortan *begeistert* vom Fliegen.

Als ich siebzehn war und unglücklich verliebt, machte Grandmère Joséphine mir ihren »Aprikosen-Zimt-Milchreis-

gegen-Liebeskummer«. Wundersamer-
weise ging es mir danach tatsächlich
besser. Seither weiß ich: Es gibt Dinge,
die das Leben leichter und bunter machen. Dinge, die wir selbst tun können
und die uns auch dann keiner nehmen
kann, wenn dunkle Wolken am Himmel
aufziehen.

Die besten Rezepte zum Wohlfühlen
und Glücklichsein habe ich in diesem
kleinen Buch zusammengetragen. Es
sind Rezepte mit Familientradition,

Anregungen für das schöne Leben.
Eine kleines Füllhorn an Ideen also,
die aus dem tiefen Süden Frankreichs
stammen, jenem Landstrich, wo die
Sonne heller scheint und das *savoir*
vivre groß geschrieben wird. Ich wür-
de mir wünschen, daß Sie mit diesen
geträumten Taten so viel Freude und
Leichtigkeit in ihr Leben zaubern wie
nur möglich.

Und das Geheimnis meiner Mutmach-
Marmelade? Ich will es Ihnen verraten.

Ich erinnere mich noch sehr gut an den Tag, als ich diese Marmelade zum ersten Mal einkochte. Meine Gedanken waren weniger beim Einkochen als bei einem sehr netten Mann, der zu dieser Zeit eine Menge Probleme am Hals hatte und dem ich unbedingt ein Glas Marmelade schenken wollte. So füllte ich die Marmelade ein, die – zufälligerweise – eine Aprikosenmarmelade war, und schrieb in einer Eingebung auf das hübsch verzierte Etikett »Rosalies Mutmach-Marmelade«. Mein kleines

Geschenk löste unverhältnismäßig große Freude aus.

Daß die Marmelade dem Beschenkten dann tatsächlich Mut machte, führe ich nicht darauf zurück, daß ich beste Aprikosen frisch auf dem Markt gekauft hatte. Auch nicht auf das beigegebene Pfefferminzzweiglein. Oder auf den Umstand, daß ich die Marmelade meisterhaft mit einem Holzlöffel rührte. Jedes kleine Wunder in unserem Leben gründet auf einem magischen

Gedanken. Die Zeit, die ich mir für diesen Menschen genommen hatte, und meine liebevollen Gedanken waren die entscheidenden Zutaten.

Und so, denke ich, ist es wohl mit fast allem, was wir tun: Liebe und Zeit sind das größte Geheimnis für eine geglückte Tat. Vielleicht auch für ein geglücktes Leben.

Alles hinter sich lassen

Freinehmen, nur weil die Sonne
scheint.
Die Leichtigkeit wieder entdecken.
Ohne Hast durch den Tag schlendern.
Sich für ein paar Stunden
Lichtjahre entfernen
und die Schönheit der ganzen Welt
in einem Grashalm sehen.

Pink Lady für ein rosarotes Wochenende

Mal wieder durch die rosarote Brille schauen. Den Alltag aussperren. George Michaels *My Baby Just Cares for Me* auflegen, sich einen spritzigen Cocktail rosé mischen und einfach mitsingen ...

3 Teelöffel Zitronensaft, 3 Eiswürfel, 3 cl Gin, 3 cl Orangenlikör, einen Spritzer Grenadinesirup im Cocktail-Shaker mixen.

Sehnsuchtsorte finden

Am Ufer des stillen Sees.

Auf dem Gipfel eines schneebedeckten

Berges.

Unter freiem Himmel in der Wüste.

Auf der Piazza, die im Mondschein

schwimmt.

Hoch über dem Meer.

In einem kleinen Haus am Ende der

Welt.

Dort, wo dein Herz ankommt

und alles findet, was Glück braucht.

Die Schneewittchen-Maske für die Schönste im ganzen Land

Wenn dein Tag anstrengend war und der Spiegel dir ein müdes Gesicht zeigt, schenkt diese Maske dir einen rosigen Schneewittchen-Teint:

250 Gramm Quark (40 Prozent),

2 Eier, 4 Eßlöffel flüssigen Honig

Alles vermischen und die Paste großzügig auf Gesicht und Hals auftragen. Eine halbe Stunde einwirken lassen, dabei die Augen schließen und nur an angenehme Dinge denken. Anschließend mit lauwarmem Wasser abspülen – und staunen.

Frühlingsmusik
gegen den Blues

Ein Sonnenstrahl, der über die Stufen

hüpft.

Weiße Wolkenschiffe am Himmel.

Vogelgezwitscher.

Der Tag ist auf deiner Seite.

Alles auf Anfang und der Morgen ein

Versprechen.

Frühling.

*Die schönsten Lieder für eine Frühlings-
CD, die auch an Regentagen Frühlings-
gefühle hervorzaubert:*

Georges Moustaki, Les Eaux de Mars

Santana, Primavera

Ella Fitzgerald, I've got the World on a String

Ella Fitzgerald & Louis Armstrong, Foggy Day

Amel Larrieux, Younger than Springtime

Danielle Messia, Printemps

Robert Schumann, Frühlingssymphonie

Champagner-Picknick
für Liebende und solche, die es werden wollen

Ein Picknick hat seinen ganz eigenen Charme. Picknicken heißt Improvisation, Leichtigkeit, das Gute im Einfachen entdecken. Picknicken kann man überall – auf grüner Wiese, in einem alten Kahn, im lauschigen Wald, in luftiger Höhe, über den Dächern der Stadt und im goldenen Kornfeld.

Und das gehört in den amourösen

Picknickkorb:

1 Flasche gut gekühlten Champagner, frisches Baguette, ein guter Camembert, ein kleiner Ziegenkäse, ein Glas Gänseleberpastete, ein Stück herzhafte Salami, Weintrauben, zwei Gläser, zwei Teller, Servietten, ein kleines Messer und eine große gemütliche karierte Decke zum Ausstrecken.

Das Buch der schönen Momente

Der erste Schluck Bier an diesem
heißen Tag.
Als du die Prüfung doch bestanden
hast.
Deine Freundin, die nachts um drei
gekommen ist, um dich zu trösten.
Ein Strauß Rosen vor deiner Tür.
Als ihr euch über das Dach des Autos
hinweg angesehen habt und die Welt
ganz still wurde.

Deine Kinder, die jubelnd die Dünen hinunterlaufen.

Ein Stimmchen, das in die Dunkelheit sagt: »Ich dich auch, Mama«.

Kleine Anleitung für dein Buch der schönen Momente:

Geh noch heute in den Schreibwarenladen und kauf dir ein gebundenes Notizbuch und den schönsten Bogen Geschenkpapier, den du findest. Schlag das *Buch der schönen Momente*

darin ein, nimm deinen alten Füller
und etwas Zeit und erinnere dich an
deine schönen Augenblicke. Ich bin
mir sicher, dir fallen mindestens zehn
ein. Schreib sie auf und erkenne, wie
einmalig und wunderbar dein Leben
ist.

Großmutter Joséphines tröstlicher Aprikosen-Zimt-Milchreis gegen Liebeskummer

Liebe kann ganz schön weh tun – vor allem, wenn sie nicht erwidert wird, wenn sie verraten wird oder unwiderruflich vorbei ist. Gegen Liebeskummer ist niemand gefeit, und kein Schmerz richtet in unserem Herzen größere Verwüstung an. Die Zeit heilt, doch das nützt im Moment auch nichts. Eine große

Mein Herz weiß alles besser und glaubt

das Ende nicht …

Umarmung und etwas Warmes, Süßes, Tröstliches ist jetzt das beste Mittel gegen Liebesleid und Herzschmerz.

Und das gehört in den tröstlichen Zimt-Milchreis:

1 Liter Milch

40 Gramm Zucker

1 Vanilleschote

1 Prise Salz

250 Gramm Rundkornreis

Alle Zutaten in einen hohen Topf geben und zum Kochen bringen. Dann unter Rühren den Milchreis auf kleiner Flamme zwanzig bis dreißig Minuten garen lassen, bis er schön breiig und dick ist. Butter in der Pfanne bräunen und über den Milchreis geben. Zimt und Zucker vermischen und den Milchreis damit bestreuen. Mit Aprikosenkompott (einfach 500 Gramm Aprikosen entsteinen und mit etwas Wasser und Zucker zu einem Kompott verkochen) tröstet er besonders gut.

Die besten Verstecke, um vor der Welt seine Ruhe zu haben

Im Birkenwäldchen. In einer Kirche. Auf dem Hochstand. In einem Garderobenschrank. In der alten Schloßruine. Hinter den sieben Bergen. Auf dem Heuboden. In einem ausrangierten Güterzug. Hinter dem roten Vorhang. Im großen Ohrensessel. Unter der Daunendecke. In der Hängematte. Auf dem Dach. Im Maisfeld. Hinter der Brombeerhecke. In der Garten-

laube. Am Ende des Wegs. In der alten
Fabrikhalle. Im Orangenhain. In der
Schneeburg. Hinter einer Zeitung.
Im Wipfel eines Baumes. Am Keller-
abgang. Unter der Brücke. Hinter
der Hütte am See. Unter dem großen
Regenschirm. In den Dünen.

Wo ist dein Geheimversteck?

Die *Tarte au citron* meiner Lieblingscousine Nicoline, die jede schlechte Stimmung sofort vertreibt

»Sauer macht lustig«, heißt es im Volksmund. Tatsächlich wirkt die leichte und frische Säure von Zitronen appetitanregend und vertreibt düstere Gedanken. Zitronen kommen aus sonnigen Gefilden, ihr Aroma schmeckt nach Sommer. Holen wir uns »das Land, wo die Zitronen blühn, im dunklen Laub die

Goldorangen glühn, ein sanfter Wind vom blauen Himmel weht, die Myrthe still und hoch der Lorbeer steht ...« doch einfach nach Hause.

Für den Mürbeteig brauchen wir 250 Gramm Mehl, 100 Gramm Zucker, 125 Gramm kalte Butter, 1 Ei und eine Prise Salz. Alle Zutaten verkneten, Butter in kleine Stücke schneiden, den Teig in eine ausgefettete Tarte-Form geben und zwei Stunden im Kühlschrank kaltstellen. Anschließend den Teig bei 180 Grad (Umluft 160 Grad) zehn Minuten vorbacken.

Für die Füllung benötigen wir 2 unbehandelte Zitronen, 4 Eigelb, 200 Gramm Puderzucker, 2 Tütchen Vanillinzucker und 125 Gramm Sahne. Eigelb und Puderzucker schaumig schlagen. Sahne steif schlagen und mit dem Saft und der abgeriebenen Schale von zwei Zitronen unter die Eigelb-Zucker-Masse heben. Danach alles auf den vorgebackenen Tarte-Boden geben und bei 150 Grad (Umluft 130 Grad) vierzig Minuten auf mittlerer Schiene backen, bis die Crème fest ist.

Für den Belag 1 Zitrone filettieren, die abgeschälte Frucht quer in feine Scheiben schneiden. Diese in einem Sud aus 4 Eßlöffeln Wasser und 2 gehäuften Eßlöffeln Zucker aufkochen und bei schwacher Hitze fünf Minuten köcheln lassen. Abkühlen lassen und mit der Gabel die einzelnen Zitronenschalen

kreisförmig auf der Tarte anordnen und mit Puderzucker und Pinienkernen bestreuen. Die Tarte drei bis fünf Minuten unter den Grill geben, bis der Zucker karamellisiert. Bitte am Ofen stehenbleiben, der Zucker verbrennt leicht. Lauwarm servieren und genießen!

Ein kühlendes Minzfußbad für beschwingte Schritte

Für dieses erfrischende Fußbad, das müde Füße wieder munter macht, sollte man sich eine Viertelstunde Zeit nehmen! In die Schüssel mit warmem Wasser gehören:

2 Eßlöffel Pfefferminzblätter

1 Sträußlein Lavendel

120 Gramm Frantzbranntwein

5 Tropfen Pfefferminzöl

Die *Mille baci*-Karte für meinen Liebsten

Zärtlich drücke ich meine Lippen aufs Papier.

Kuß um Kuß.

Und jeder Kuß soll dir sagen:

Ich meine DICH!

Auch wenn wir nicht zusammen sind,

fliegen meine Küsse zu dir, bunten Blüten gleich,

streifen dein Herz wie die Flügel der Taube.

Für eine Mille-Baci-Karte brauchst du:

Eine weiße Karte,

Lippenstifte in verschiedenen Farben,

deren Lippenabdrücke du mit einem

zarten grünen Stift oder Pinsel zu

Blütenküssen verbinden kannst.

Wenig Zeit und ganz viel Sehnsucht.

In das Rosenbad für echte Prinzessinnen versinken und die Welt vergessen

Eine echte Prinzessin

spürt eine Erbse durch sieben Matratzen,

schläft manchmal hundert Jahre hinter

Rosenhecken,

ist nicht für jeden erreichbar

und ein bißchen versponnen.

Und am Ende bekommt sie immer

ihren Prinzen.

Immer.

Und so badet eine echte Prinzessin:

2 Becher süße Sahne und 7 Tropfen feinstes Rosenöl in das wohltemperierte Badewasser geben. Die Blätter von 5 dicken Rosen hineinstreuen, Kerzen anzünden, die Türen schließen, ins Wasser gleiten, den Kopf auf eine dicke weiche Handtuchrolle betten und entspannen.

Rosalies feine Mutmach-Marmelade aus besten Aprikosen

Für alle Verunsicherten, Verzagten, Betrübten, Ängstlichen, Niedergeschlagenen, herb Enttäuschten, zwischen zwei Stühlen Sitzenden, einen großen Berg vor sich Habenden, auf dem Seil Balancierenden, für alle Pechvögel, Unglücksraben und Bruchpiloten empfehle ich Rosalies feine Mutmach-Marmelade. Das netteste

Geschenk für all jene, die ein wenig Aufmunterung brauchen!

Und das gehört in die Mutmach-Marmelade:

2 Kilo sonnengereifte Aprikosen vom Markt

1 Kilo Gelierzucker

1 Likörglas 43er (Aprikosenlikör)

2 Vanilleschoten

3 gute Gedanken (mindestens)

Die Aprikosen halbieren und entsteinen. Zusammen mit dem Zucker und

den guten Gedanken in einem großen Topf unter Rühren aufkochen. Am Schluß das herausgekratzte Mark aus den Vanilleschoten und den Likör unterrühren und die Marmelade in hübsche Gläser mit deinem persönlichem Etikett einfüllen.

Zusammen ein vierblättriges Kleeblatt suchen

Bäuchlings auf der Wiese liegen.

Sich von einem Grashalm die Nase

kitzeln lassen.

Aug in Aug mit dem Zitronenfalter

im Klee wühlen

und den Sommertag verschwenden

auf der Suche nach dem einen

Kleeblatt, das uns Glück bringt.

Uns Glücklichen!

Das *Coussin d'amour*
für zärtliche Stunden

Ein Kissen, das nach Liebe duftet,
nach Sommer und nach zarten Küssen,
nach Heckenrosen auf dem Weg, nach
Licht, das durch die Bäume fällt, darf
in Titanias Bett nicht fehlen. Zwischen
die Kissen gelegt, wirkt es anregend
und bringt dir schöne Gedanken.

Und das brauchst du für ein handgemach-
tes Liebeskissen:

Ein hübsches Stück Stoff, aus dem du 2 etwa 15 Zentimeter große Quadrate schneidest, die du auf links an 3 Enden zusammennähst. Dann stülpst du das Säckchen um und befüllst es, bevor du die vierte Seite schließt, mit:

50 Gramm getrockneten Rosenblättern

50 Gramm Pfefferminzblättern

30 Gramm Rosmarin

1 Wattebausch mit fünf Tropfen

Rosenöl oder Patschuli

Der Süßer-als-ein-Kuß-Zaubertrank für Liebende, die noch etwas vorhaben

2 Eigelb und 6 Eßlöffel Zucker mit dem Mixer schaumig schlagen. 2 Glas Rotwein beigeben, alles im Kochtopf erwärmen und dabei mit dem Schnee-besen zu Schaum schlagen, bis die Masse anfängt aufzukochen und steigt. Anschließend in zwei große Zauber-trankgläser füllen und heiß trinken, bevor sich der Schaum wieder verflüs-

sigt. Geht sofort ins Blut, gibt Kraft und beflügelt bei allem, was man im Liegen machen kann …

Tausendundeine Nacht auf dem Balkon

Ein lauer Sommerabend, leise betörende Musik, weiche Kissen und Matten auf dem Boden, eine große Decke mit hunderten von kleinen Spiegeln, der Duft von Vanille und Sandelholz und alle Lampions, Lampen und Windlichter, die du finden kannst, lassen Balkon, Zimmer oder Terrasse zu einem verwunschenen Palast werden. Scheherazades Schlafgemach lädt ein zum orientalischen Liebesspiel und zu sinnlichen Genüssen.

Kleine Naschereien für zwischendurch:
Frische Datteln in einem Mantel aus hauchdünnem Parmaschinken

Schwarze und grüne Riesenoliven

Salzmandeln

Kleine Hackfleischbällchen mit Pinienkernen, fein gehackter Blattpetersilie und Minze

Filettierte und in Scheiben geschnittene Orangen mit Zimt und Zucker

Die Gedanken übers Meer schicken

Wenn die Welt zu eng wird,

die Stimmen zu laut,

die Wände zu hoch,

die Wege ausweglos,

schick deine Gedanken übers Meer

und warte gelassen auf Antwort.

Mit deinem Kind eine Zeitkapsel vergraben

Was ist in der Zeitkapsel, die wir in vielen Jahren öffnen?

Der abgewetzte Lieblingsteddy, das Bilderbuch, das immer wieder vorgelesen werden mußte, die kleine Spieluhr mit den tanzenden Schlittschuhläufern, ein Holzschwert, ganz kostbare Kieselsteine, die Eintrittskarte für das erste Konzert, ein Zettelchen vom schönsten Mädchen der Klasse 6c, eine Haarlocke, das lustige Automatenphoto, wo wir beide die Zunge rausstrecken. Mit anderen Worten: Unermeßliche Schätze.

Einen Augenblick verschenken

Es kostet nicht mehr
als einen Augenblick,
um ohne Worte zu sagen:
Du kannst mir vertrauen.
Ich glaub an dich.
Du kannst auf mich zählen.
Ich liebe dich.
Nur einen langen Augenblick.

Die schönsten Geschichten für die blaue Stunde lesen

Wenn der Tag zur Nacht wird,

wenn die Sonne hinter den Hügeln

versinkt,

wenn der Himmel sein tiefstes Blau

anlegt,

wenn die Welt ein Flüstern wird und

Sehnsucht sich

in der Dämmerung auf den Weg macht,

regiert mit sanfter Hand die Blaue

Stunde.

Zehn Lieblingsbücher für die Blaue Stunde:

Henri Alain-Fournier, Der große Meaulnes

Mario Vargas Llosa, Tante Julia und der Kunst-
   schreiber

Ernest Hemingway, In einem anderen Land

Anne Wiazemsky, Chanson d'amour

Georgio Bassani, Die Gärten der Finzi-Contini

E. M. Forster, Zimmer mit Aussicht

Cathérine Hermary-Vieille, Der Großwesir der
   Nacht

Oscar Wilde, Der glückliche Prinz

Edna O'Brien, Das Mädchen mit den grünen Augen

Carson McCullers, Das Herz ist ein einsamer Jäger

Zu einem romantischen Rendezvous einladen

Wo du mich findest?

In einem verwilderten Garten.

Unter dem Granatapfelbaum.

Auf dem Balkon der Villa Paradiso.

In einem anderen Jahrhundert,

wo allein unser beider Herzschlag

die Zeit bestimmt.

Dort, Liebster, warte ich auf dich.

Der Oblomow-Tag für Gestreßte, die dringend zur Ruhe kommen müssen

Heute werde ich

nicht zur Arbeit gehen, nicht ein-

kaufen, nicht ins Auto steigen, nicht

kochen, nicht telefonieren, nicht zum

Sport gehen, nicht das Buch zu Ende

lesen, nicht die Wäsche aufhängen,

nicht durch den Tag hetzen.

Heute werde ich nur NICHTS tun.

Alles andere mache ich morgen.

Mit der besten Freundin ins Blaue fahren

Komm, laß alles liegen, wir hauen ab!

Zusammen fahren wir ins Blaue,

suchen das Weite,

lassen uns vom Wind das Haar

zersausen.

Ganz weit weg von den bekannten

Wegen legen wir uns ins Gras

und erzählen uns Geheimnisse.

In einer Mongolfière über den Dingen schweben

Einmal die Schwerkraft überwinden.

Den Fuß vom Boden lösen.

Zwischen Himmel und Erde schweben,

als hätte man selbst Flügel.

Stimmen durch die klare Luft

aufsteigen hören

und erstaunt feststellen,

wie klein die Dinge da unten

in Wirklichkeit sind.

Den Moment genießen

Nicht denken: Jetzt ist es schön,

aber was wird morgen sein?

Wenn die Sorge mich erdrückt.

Die Angst mich beschleicht.

Die Zeit knapp ist.

Das Geld nicht reicht.

Was wird, wenn …?

Nur denken: Jetzt ist es schön!

Und die süße Sahne vom Finger

schlecken.

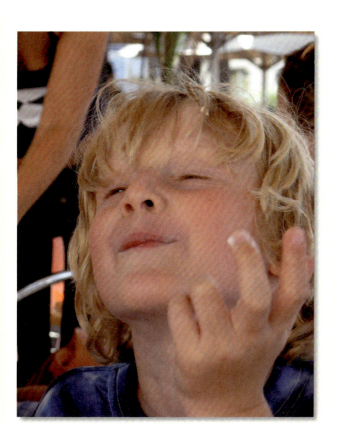

Kleine Botschaften hinterlassen

Ein Lippenstiftherz auf dem Spiegel.

Ein *billet-doux* neben dem Frühstücks-
teller.

Eine Tafel Lieblingsschokolade im
Koffer.

Ein kleines Glücksschwein in der
Jackentasche.

Ein Photo auf dem Kopfkissen.

Ein Stück von mir für dich.

Mit seinen Kindern in die Natur gehen und malen

Nimm deine Kinder bei der Hand und ziehe mit Staffelei, Pinseln und Farben in die Natur. Das Glück zu malen ist ein friedliches. Eine Welt aus Licht und Farben neu zu entdecken und alles andere zu vergessen ist ein unvergleichliches Erlebnis. Auch für kleine Künstler!

Kräuter auf der Fensterbank wachsen lassen

Der Duft von Rosmarin

auf deiner Fensterbank.

Dein erstes Grün am Morgen.

Deine Freude, etwas wachsen zu sehen.

Dein kleiner Garten,

in den sich bald ein Schmetterling

verirrt.

Mit offenen Augen träumen

Bereue nie die Stunden,

die du dir nimmst,

um deine Gedanken in fernen Welten

wandern zu lassen.

Ein schöner Gedanke ist die Mutter

von zehn schöneren Gedanken.

Und geträumte Taten

der Schlüssel zum verlorenen Land.

Im Mondschein spazierengehen

Wie lange ist es her,

daß du den runden Mond über der Stadt

hast aufgehen sehen,

verzaubert nächtliche Wege entlang-

gingst,

deine Hände in den stillen See tauchtest,

um Silber zu fangen?

Es ist an der Zeit, dein Herz zu verlieren,

Küsse zu stehlen und deine Sehnsucht

im Meer der Ruhe zu betten.

Einen kleinen
Ich-denk-an-dich-
Kalender für die
Zeit der Trennung
basteln

Du gehst fort, doch der andere soll nicht vergessen sein. Mit einem *Ich-denk-an-dich*-Kalender versüßt du dem, der zurückbleibt, den Abschied und verkürzt die Zeit des Wartens.

In deinen Kalender kommen kleine Geschenke, Photos, Erinnerungsstücke aller Arten und Briefchen mit persönlichen Gedanken, die an einer Schnur aufgehängt oder in eine Schatzkiste gelegt werden können.

Den Weg der Liebe gehen

Bedenkenlos sein Herz verschenken.

Vertrauensvoll nach vorne schauen.

Mutig Partei ergreifen.

Mit vollen Händen geben.

Alte Geschichten ruhen lassen.

Der erste sein, der die Hand zur

Versöhnung reicht.

Den zärtlichen Blick nie verlieren.

Daran glauben, daß die Welt voller Wunder ist

Ich blicke mich um und ich sehe:

Eine Blüte, die sich öffnet.

Ein Neugeborenes, das zum ersten Mal

lächelt.

Sternschnuppen, die ins Meer fallen.

Zwei Menschen, die sich ineinander

verlieben.

Das Glück in deinen Augen.

Ich sehe eine Welt voller Wunder.

Siehst du es auch?

Bildnachweis

Corbis: 26, 30, 54, 88
Dreamstime: 62 (Nejron)
Jac Ever: 78, 100, 102
Fotolia: 20 (Silvia Ottaviano), 23 (Oliver Klimek),
24 (BVDC), 37 (Franz Pfluegl), 47 (Sébastien MIN),
50 (MAXFX), 53 (Coolphoenix), 73 (rgbspace),
83 (OlgaLIS), 91 (Tjall), 107 (nyul)
iStock: 41 (quavondo), 64 (Nigel Silcock),
70 (Jillian Pond), 76 (Loris Pignoletti)
Mauritius· 19, 44, 58, 61 (Botanica), 84, 95, 98
Photocase: 87 (Shuwal)
Privat: 33, 74, 80, 93, 96, 109
Enzo Rando: 49
Shutterstock: 43 (Createsima1), 57 (IRP),
67 (Vanessa Nel), 69 (Jelica Grkic), 104 (nagib)

ISBN 978-3-85179-106-8

Alle Rechte vorbehalten

© 2009 Rosalie Tavernier
© 2009 der deutschsprachigen Ausgabe:
Thiele Verlag in der
Thiele & Brandstätter Verlag GmbH,
München und Wien

Übersetzung: Daniela Thiele
Umschlaggestaltung: Christina Krutz, Riedstadt
Umschlagbild: Mauritius (Botanica)
Bildredaktion: Renaissance Books, München
Gestaltung und Satz: Christine Paxmann, München
Druck und Bindung: Grasl Druck & Neue Medien, Bad Vöslau

www.thiele-verlag.com